Georg Waitz

Urkunden zur deutschen Verfassungsgeschichte im 11. und 12. Jahrhundert

Georg Waitz

Urkunden zur deutschen Verfassungsgeschichte im 11. und 12. Jahrhundert

ISBN/EAN: 9783743656826

Hergestellt in Europa, USA, Kanada, Australien, Japan

Cover: Foto ©ninafisch / pixelio.de

Weitere Bücher finden Sie auf **www.hansebooks.com**

Urkunden

zur

Deutschen Verfassungsgeschichte

im 11. und 12. Jahrhundert.

Mit einem Anhang:

Ueber Freien- und Schöffengut.

Von

G. Waitz.

Kiel 1871.

Verlag von E. Homann.

Herrn

Obertribunalrath Kronsyndicus Professor

Dr. C. G. Homeyer

zur

Feier des funfzigjährigen Doctorjubiläums

28. Juli 1871

in dankbarer Erinnerung

gewidmet.

Vorwort.

*Die Bedeutung der Urkunden für die Verfassungs-
und Rechtsgeschichte ist durch neuere Arbeiten immer
mehr ins Licht gestellt. Aber vielleicht für keine Periode ist sie grösser als für die Zeit des Deutschen
Reichs vom 10ten bis zum 12ten Jahrhundert, wo andere
Quellen der Erkenntnis spärlich fliessen, es namentlich
fast ganz an grösseren Rechtsaufzeichnungen fehlt, wie
sie vorher die Fränkische, später wieder die Staufische
Periode besitzen. Urkunden sind aber wenigstens in be-
deutender Zahl erhalten, auch aus dieser Zeit wohl gros-
sentheils durch den Druck veröffentlicht; aber sehr zer-
streut, schwer zu übersehen; manche wichtige in grossen
nicht allgemein zugänglichen Werken fast wie vergraben.
Es sind deshalb schon andere darauf bedacht gewesen,
solche Stücke durch neuen Abdruck oder auszugsweise
Zusammenstellung besser nutzbar zu machen. Dem mag
sich diese kleine Sammlung anreihen, die eine Anzahl
für die Verfassungsgeschichte der genannten Zeit besonders wichtiger, und doch entweder wenig beachteter oder
nicht jedem bequem zur Hand liegender Urkunden ver-
einigt — die meisten aus Gegenden, die dem neuen
Deutschen Reiche fremd sind, aber für die Deutsche*

Rechts- und Verfassungsentwickelung eine grosse Bedeu-
tung haben —, auch einiges für genauere Zeitrechnung
oder Herstellung verderbter Texte zu geben versucht.
Sie wird, glaube ich, manchen willkommen sein die sich
mit dieser Zeit beschäftigen, kann auch vielleicht Stoff
zu weiteren Erörterungen und Untersuchungen bieten.
Wohl an jedes dieser Stücke liesse sich ein Excurs über
verschiedene Punkte des öffentlichen Rechtes anknüpfen.
Ich habe mich begnügt in einem Anhang einiges zusam-
menzustellen was mit dem Inhalt von Nr. 1 in Verbin-
dung steht, und zu dem der Tag besondere Veranlassung
gab, an dem diese kleine Schrift dem hochverehrten Leh-
rer, der mich in das Studium des Deutschen Rechtes ein-
geführt hat, dargebracht wird. Möge sie bei ihm und
andern Freunden Deutscher Geschichte eine freundliche
Aufnahme finden.

G. Waitz.

Inhalt.

1.

Bischof Theoduin von Lüttich beurkundet, dass der Graf Bruno von Hengebach sein Freiengut an die Kirche Heiligenkreuz in Lüttich verpfändet. 1063.

In nomine Domini et in nomine Trinitatis Tyetwinus[a] gratia Dei Leodiensis episcopus, perpendens sacre legis auctoritate oblationes[b] et vota fidelium irrita[c] penitus haberi non posse, sed Dei judicio ex sacerdotum arbitrio rata semper et immutabilia consistere, decrevi posterùm[d] notitie demandare, que in subjecta nobis ecclesia[e] sancte Crucis diebus nostris ex oblatione fidelium in donariis Domini illata sunt, que sicut Dei judicio rata esse nullo modo ambiguntur[f], sic nostra quoque sententia haberi immutabilia decrevimus ac presentis auctoritatis nostre privilegio communivimus. Hec autem sunt que dicimus: Bruno comes de Hengebach [a[g]] fratribus canonicis ejusdem ecclesie sancte Crucis per manum nostram de thesauro ipsius ecclesie mutuam accepit pecuniam, videlicet marchas argenti trecentas, quas fidelium devotio contulerat, sueque[h] libertatis predium in Harvia cum tota ipsius predii familia in presentia nostra coram[i] multis potentibus et nobi-

a) Tyecwinus R. E.   b) oblationis R.   c) irrata R.

d) poterum R.   e) ecclesiae R.   f) ambiguuntur *das Churt.*

g) *fehlt* R. E.   h) seque R.   i) eorum R.

1

libus viris, tam clericis quam laicis, ad altare sancte Crucis tradidit et a se in jus et possessionem ecclesie trans-
ire fecit, advocatiam tamen ipsius predii sibi retinuit suisque legitimis heredibus post se tenendam reliquit, et hoc
ab ipso Brunone definitum et ab universis qui presentes
fuere laudatum est, ut tam diu ecclesia ͨ jam dictum-pre-
dium securo et quieto jure possideat, donec quilibet ipsius
Brunonis heres legitimus et hujus predii advocatus pre-
dicte pecunie summam ex integro restituat; interim ecclesia jam dictum [predium ᵇ] libere teneat per dominum,
non tamen quasi datum pro commodata pecunia vademo-
nium; cum vero quilibet heres Brunonis legitimus ipsum
predium ᶜ redimere voluerit, sic ei redimere licebit, ne
nullo modo pro hac redemptione alteri ᵈ ecclesie seu cuilibet ecclesiastice secularive persone hoc ipsum predium
invadiare aut aliunde aliquatenus nisi ex proprio suo redimere possit omnemque pecuniam, id est trecentas marchas argenti, ex integro simul restituet ecclesie, nec ac-
ceptos supputare fructus poterit in hac quantitate pecunie,
quia votum ᵉ et oblatio Brunonis est et hos fructus interim concessit et constituit fratribus et canonicis in elemo-
sinam, ut in orationibus suis parentum suorum et sui ipsius habeant memoriam. Hujus ergo ᶠ traditionis sive conditionis executionem et seriem ᵍ carta presenti confirmavimus et sigillo nostro munivimus. Testes autem hii adhi-
biti sunt: Hugo prepositus Sancti Lamberti Sanctique Servatii, Wibado decanus, Godescalcus ʰ archidiaconus, item
Godescalcus, Hermannus ⁱ archidiaconus, Wolbertus prepositus Sancte Crucis, Godezo decanus, Niczo ᵏ scholasti-
cus, Boso, Ferulvus ˡ et alii multi ex clero Leodiensi. Item
laici: Fredericus dux, Albertus comes Namurcensis, Lambertus de Laoule ᵐ, Albertus de Tienbeche ⁿ, Elbertus de

a) ecclesiae R. E.   b) *fehlt* R. E.   c) prae R.
d) altari R.   e) notum R. E.   f) erga R.   g) seriam R. E.
h) Gold. E.   i) Hermanus R.   k) Nizo E.   l) Ferrulvus R.
m) Looule R.   n) Tiembeche R.

Bugeis, Hermannus de Grueles[a] et Cunno frater ejus, Ewrinus de Waldemont, Steppo de Mullanz et alii multi. Et si quis hec aliquando iniquo fraudis cujuslibet machinamento infregerit, si tertio commonitu non resipuerit, hunc auctoritate Dei omnipotentis et nostra anathematizatione execramus et eterna Dei regni hereditate privamus. Actum Leodii anno ab incarnatione Domini 1063, indictione prima, regnante imperatore Henrico III.[b] anno regni ejus 8.

Die Urkunde ist zuerst von Baron de Reiffenberg herausgegeben in dem Compte-rendu des séances de la commission royale d'histoire T. VIII (1844), S. 299, aus dem Chartular der Kirche S. Crucis v. J. 1379, f. 85, im Archiv zu Lüttich, mit verbessertem Text von Ernst, Histoire de Limbourg T. VI (1847), S. 107. Manche gemeinschaftliche Fehler waren leicht zu beseitigen. Ueber den Inhalt der Urkunde s. den Anhang.

2.

Bischof Udo von Toul setzt die Rechte des Grafen zu Toul fest. 1069.

In nomine Patris et Filii et Spiritus Sancti. Udo gratia Dei Leuchorum episcopus. Divini servitii opus est discordiam et contentionem inter partes dissidentes evellere et justitia mediante pacem et concordiam inserere, dum Deus, qui est summum bonum, pax vera creditur existere. Quapropter noverit universitas fidelium praesentium et futurorum, quod nostro tempore fuerit comes hujus Leuchorum urbis, cui Deo auctore praesidemus, Arnulfus[c] nomine, qui suis exigentibus culpis depositus est a comitatus honore, maxime quoniam sua cupiditate plurimum ag-

a) Grueler R.   b) IIII. R.   c) Arnulfi C.

gravabat pauperes nostrae ecclesiae. Itaque credens utile fore, si res hujus civitatis ad comitatum pertinentes stylo et memoriae traderemus, institimus protinus, quatenus ea, quae ab antiquioribus nostrae diocesis veraci relatu didicimus de rebus nostrae ecclesiae, scripto commendaremus. Nam majoribus nostrae ecclesiae congregatis, exegi cum sacramento, ut veraciter edicerent, cujusmodi esset honor comitatus hujus urbis, qualiter tenuerunt illum antiqui comites, scilicet Raimbaldus et Rainaldus major, filius ejus, atque Rainaldus minor, qui cum summo honore ac prosperitate hanc urbem rexerunt et defensaverunt temporibus nostrorum antecessorum sanctae memoriae Gerardi, Stephani, Bertoldi, Herimanni et beatae recordationis papae Leonis cognomento Brunonis, ut ea conditione, qua in hac* carta esset scriptum, traderemus successori comitis Arnulphi honorem comitatus, atque ejus omnes successores in perpetuum hoc pacto hanc dignitatem susciperent, nec amplius vel alio modo, quam hic inveniretur scriptum, pauperes ecclesiae nostrae opprimerent.

(1). Igitur comes non habet ullam potestatem infra civitatem propter ullam justitiam faciendam nec ullum bannum.

(2). Sicut ᵇ in Gruria currit in circuitu montis Barri, debet ducere sulcum circum vindemias recto tempore ᶜ ad 60 pedes usque ad siliculam. Et si qua justitia contigerit infra sulcum tempore quo custodiendae sunt vineae, ipse accipiet tertiam partem justitiae et episcopus duas, secundum consilium villici et scabinorum; et ejus custodes non debent intrare vineas, nisi persequantur latronem. Nec debet dare ulli licentiam vindemiandi sine consensu villici et meliorum civitatis; et postquam communis con-

<hr>

a) hoc C.   b) *Diese Worte sind undeutlich, vielleicht corrumpiert, wie schon Calmet vermuthet, der sie aber mit den vorhergehenden verbindet und, gewiss unrichtig, vor* debet *ein Punkt setzt, dann mit Semicolon vor* recto *interpungiert.*   c) tenore C am Rande.

sensus fuerit abbatum et clericorum et villici et meliorum civitatis de die vindemiandi, non currit amplius ejus bannus intra montem Barrum. Tamen abbates de Saucto Apro et de Sancto Mansueto et congregatio sancti Stephani sanctique Gengulphi et sancti Aniani debent uno die aut duobus ante alios vindemiare. Et propterea dant quisque modium vini inter comitem et villicum. Et si hoc comes non disposuerit, carebit modio vini.

(3). In suburbio si tumultus ortus fuerit et sanguinis effusio vel latrocinium contigerit, ipse de justitia habebit tertiam partem et episcopus duas, consilio villici et scabinorum.

(4). Si extraneus aperuerit tonnam suam ad sal vendendum, minister comitis accipiet manum plenam salis. Si autem civis aperuerit tonnam suam, nihil inde accipiet comes.

(5). Tria placita vicedominalia habet in anno comes in villa. Ad quae placita non venient milites nec praebendarii episcopi et congregationum sancti Stephani et sancti Apri sanctique Mansueti et sancti Gengulphi nec praebendarii clericorum vel militum episcopi. Et si justitia ita facta fuerit, habebit comes tertiam partem et episcopus duas, consensu villici et scabinorum. — Si latro fuerit convictus ante eum, et ipse latro fuerit capitali censu subditus alicui ecclesiae hujus episcopatus, pretium super eum inventum erit domini sui, et corpus erit comitis et episcopi; quod si ipse se redemerit, tertia pars redemptionis erit comitis et duae episcopi, ipse vero redibit ad dominum suum. Si autem extraneus fuerit latro, de pretio super eum invento erit tertia pars comitis et duae episcopi; quod si redemerit vitam suam, similiter et corpus erit utrorumque, nisi proprius dominus eum prosecutus fuerit.

(6). Alienigenae, id est warganei ᵃ, qui manserint in

─────────

a) *Vielleicht* warganci = wargangi.

banno, dabunt comiti 4 denarios singulis annis festo sancti Remigii. Et si inde aliquis* negligens fuerit, reddet comiti capitale. De justitia autem erunt duae partes episcopi, tertia comitis, secundum consilium villici et scabinorum. (7). Stratam publicam et metas debet custodire comes. Et si justitia inde fuerit facta, tertia pars persolutionis erit comitis, duae vero episcopi, consilio villici et scabinorum. — Latronem non capient ejus ministri nisi in strata publica. Quod si latro fugerit intra alicujus mansum, ministri comitis non persequentur eum intro sine permissu illius cujus fuerit mansus et conductu villici ipsius banni.

(8). Si duellum fuerit factum in 7 antiquis potestatibus quae pertinent ad coquinam episcopi, de persolutione erit tertia pars comitis et pars tertia episcopi, consilio villici et scabinorum ipsius villae.

(9). Mensuras quascumque faciet villicus et scabinei absque comite. Sed si aliqua earum fuerit falsata inventa, de justitia accipiet comes tertiam partem et episcopus duas, consilio villici et scabinorum.

(10). Monetam mutabit episcopus consilio suorum officialium sine comite. Quae si falsata fuerit inventa, ille qui convictus fuerit de justitia dabit tertiam partem comiti et episcopo duas.

(11). Omnia officia civitatis mutabit episcopus et villicus ejus sine comite, excepta custodia portae. Quam custodiam proferet comes et villicus in pleno placito. Quod si inde contigerit redemptio, comes accipiet tertiam partem et episcopus duas, consilio villici et scabinorum. Postquam autem custodia portae fuerit stabilita laude communi et meliorum civitatis, non mutabitur, nisi publice a pluribus et melioribus fuerit de culpa accusatus.

(12). In 7 supradictis potestatibus episcopi non hospitabitur comes nec inde accipiet ullum debitum vel ser-

a) alias C.

vitium praeter[a] eulogias et carratas vini, quas ei dant officiales. Si ergo eis vinum defecerit, persolvent 10 solidos pro carrata vini. Et si officiales episcopi eulogias persolvere non poterunt, dabunt pro eis 7 solidos. Praeter haec nihil habet comes in praedictis potestatibus episcopi. Quod si ibidem amplius quid acceperit, injuste pauperes homines episcopi tractabit.

(13). Si ergo de hujusmodi rebus quae ex antiquo tempore antecessores comitis[b] gratanter tenuerunt aliqua contentio orta fuerit inter episcopum et comitem, communi laude et consensu utrorumque decernant res sacramento 7 hominum hujus ecclesiae bene credentium.

(14). Praeterea si comes obviaverit alicui inimicorum suorum vel eum invenerit infra banni leugam, si ipse homo fuerit inimicus episcopi, licebit comiti eum capere sine scitu episcopi; si autem non fuerit inimicus episcopi, non licebit comiti eum capere sine laude episcopi vel advocati civitatis.

Hac igitur conditione Friderico comiti, qui loco superius dicti Arnulphi est subrogatus, comitatum dedimus, ut nihil super has consuetudines a pauperibus nostrae ecclesiae exigeret, sed haec omnia inconvulsa absque ulla refragatione conservaret et sibi succedentibus in perpetuum conservanda relinqueret.

Ut autem hujuscemodi consuetudines ad comitatum pertinentes de pauperibus nostrae ecclesiae rite et legitime corroboratae perpetualiter permaneant, in hujus scripti monumento nostris successoribus ad recognoscendum relinquimus et[c] subscriptis testibus ad corroborandum[d] deinceps tradidimus.

In villis etiam et in mancipiis et in rebus ubique jacentibus ad praebendam canonicorum pertinentibus nullam justitiam, nullum servitium, nisi ei fuerit sponte oblatum,

a) propter C; *wo am Rande:* praeter.   b) comites C.
c) ut C.   d) corroborandam C.

nullam hospitalitatem comitem habere, manifeste recogno-
vimus; sed omni sua potestate saeculari exclusa, nostra
et successorum nostrorum, canonicorum tantum libero arbitrio disponantur.

Haec omnia supradicta sigillo nostro sub anathemate
signavimus.

Ego Udo Dei gratia Leucorum episcopus signavi.
Signum Stephani archidiaconi. S. Lamberti archi-
diaconi. S. Roberti archidiaconi. S. Odelrici archidiaconi.
S. Hugonis archidiaconi. S. Lamberti junioris archidiaconi.
S. Rodulphi archidiaconi. S. Odelrici praepositi Sancti
Gengulphi. S. Gerardi Lothariensium ducis. S. Luthulphi
comitis. S. Haymonis comitis. S. Odelrici de Nanceio. S.
Alberti. S. Valfridi. S. Everardi. S. Milonis. S. Henrici
advocati. S. Himari villici. S. Walteri vulnerati (?). S. Si-
gifridi scabini. S. Henrici.

Actum anno ab incarnatione Domini 1069, indictione
7, Henrico IV. rege Romanorum regnante 13. anno regni
ejus.

Ego Walterus decanus et archidiaconus et cancellarius recognovi et subscripsi.

Ego Hermannus sacerdos vice Valteri cancellarii scripsi
et subscripsi.

Die Urkunde ist gedruckt bei Calmet, Histoire de Lorraine I, Preuves S. 466; Edit. 2 II, S. CCCXXXVIII.

———————

3.

*Aufzeichnung über die Uebertragung der Grafschaft
Hennegau und der Mark Valenciennes an die
Kirche zu Lüttich.* 1071.

Anno dominice incarnationis 1071.[a] in die 9. mensis

a) 1076 *die Abschrift.*

[Maji ᵃ] H. quartus Romanorum rex Leodium veniens, divina instinctus clementia, dedit Sancte Marie [et ᵇ] Sancto Lamberto comitatum de Hainou et marchiam Valenti[nia-n]am ᶜ cum omnibus beneficiis, cum castris, cum abbatibus, cum prepositis, cum omnibus potentatibus et militibus suis, jure perpetuo dedit et donavit, datum ad altare per manum advocati sui legaliter tradidit, presente comitissa Richelde .... et annuente cum filio Balduino: et ibidem in presentia regis et omnium principum dux Godefridus miles effectus est domni episcopi Dietwini, accepto ab eo hoc beneficio. Ipsa vero comitissa ducis effecta, hoc idem accepit a duce beneficium, ea scilicet ratione, ut, si dux non fuerit vel filius hereditarius, ab episcopo requireret beneficium ipsa vel filius vel filia, sic tamen filia, si consilio ᵈ episcopi voluerit uxorari et ipse maritus liberalitatem voluerit episcopo facere; quod si hi defuerint aut ab episcopo non requisierint militari jure, omnes milites cum castris et beneficiis in manum episcopi veniunt et in ejus dominatu ultra manent; quod si ipsi milites non velint cum episcopo remanere, posteaquam renuntiaverint per 40 dies ad ejus fidelitatem servabunt ipsa castra, et reddita per 15 dies, si necesse fuerit, adjuvabunt detinere; quod si forte renuerint aliquo modo castra esse tradenda, cum omni cautela hoc episcopo curabunt nuntiare, et si fuerint tradita, summo studio et episcopi adjutorio requirent; quod si qui hanc non voluerint observare fidelitatem et sacramenti fidem, qui ᵉ in turribus morantur et munitionibus presunt, servent eas ad presentiam episcopi, donec libere potiatur. Sic factum est sacramentum et sic susceperunt observandum, anno ordinationis regis 17, regni autem 15.

Gedruckt Ernst, Histoire de Limbourg VI, S. 109, aus Langius, Collectio variorum diplomatum et actorum ecclesiae

---

a) *fehlt in der Abschrift.*　　b) *fehlt E.*　　c) Valentiam E.
d) concilio E.　　e) concilio E.　　f) si qui E. *Der Herausgeber meint, dass vor* si *etwas fehle.*

et patriae Leodiensis ex archivis ecclesiae cathedralis ecclesiarum collegiatarum et monasteriorum, damals im Besitz d. Hn. de Lantremange, f. 68'; darnach Duvivier, Recherches sur l'ancien Hainaut S. 413. Eine frühere Ausgabe von Reiffenberg, in Nouv. mémoires de l'académie de Bruxelles 1831 S. 71 N. citiert Arndt, Note zur Ausgabe von Gisleberts chron. Hannoniae, SS. XXI, S. 493, dessen ausführliche Darstellung zu vergleichen ist. Kürzer, erwähnen der Sache die Gesta abbatum Lobiensium c. 14, ebend. S. 318.

4.

K. Heinrich IV. beurkundet die wiederholte Verurtheilung des Markgrafen Egbert und die Uebertragung seiner Grafschaft Westergo und Ostergo an die Kirche zu Utrecht. 1089, Juli 1.

In nomine sanctae et individuae Trinitatis Henricus divina favente clementia Romanorum imperator augustus. Regum vel imperatorum persona, sicut inter homines est altissima, ita ad deponendum vel judicandum hominibus est periculosissima. Quod considerantes sancti patres, regum vel imperatorum persecutores sicut Dei ordinationi resistentes inremediabili penae decreverunt subjacere, altitudini* reatus comparantes altitudinem vindictae, vix et nonnisi multum penitentibus relinquentes spem veniae in futuro, quam negant in praesenti seculo. Quorum sententiam Egbertus quondam marchio non timuit, dum in nostram et depositionem et mortem consilium et auxilium Saxonibus et aliis** nos persequentibus dedit, non recordatus, quod noster miles, marchio et consanguineus et, quod majus est, noster juratus fuit. Nos autem consan-

---

a) altitudine M.   b) talis vel selis M. *als Var.*

guinitatis memores simulque pueritiae ejus parcentes, nullam vindiclae vicem ei rependimus, sed penitentem statim recepimus et omnia* quae lege perdiderat ex gratia sibi reliquimus et ne denuo in nos peccaret credidimus. Ille vero hac de spe nos ejecit, quia, mox in Saxoniam de Roma revertentes intravimus, eundem marchionem, quem praediximus, tanto crudeliorem quanto occultiorem inimicum invenimus. Qui enim nobis venientibus cum exercitu verbis pacificis amicum mentitus fuit, recedente a nobis exercitu, sicut in terra pacificata manentibus statim inimicus indicio inde apparuit, dum nos nihil mali timentes imparatos occidere voluit. Quod ubi compertum habuimus, quod faciendum erat fecimus, videlicet nos cum nostris Saxoniam relinquentes ad alia regna nostra transivimus, velociterque collecto exercitu copioso, Saxoniam intraturi, prius Duringiam intravimus, ubi congregati principes Saxoniae et Duringiaeb et aliorum regnorum in loco qui dicitur Wehemar, Egberti praedicti quondam marchionis omnia bona nostrae potestati adjudicaverunt, dicentes, regni vastatorem et in regno regnantis domini sui persecutorem regni bonis recte privari debere ipsumque a regni finibus persequendum fore. Quorum justo judicio confirmationem astipulantes, bona ejus in nostram potestatem accepimus, de quibus comitatum quendam in Fresia, qui vocatur Westergouwe et Oostergouwe, Sancto Martino ad ecclesiam Christi ejusque nomini in Trajecto dicatam sub confirmatione cyrographi nostri firmando tradidimus, tradendo confirmavimus, pro amore domini Jhesu ejusque dilecti confessoris Martini et pro petitione ac servitio dilectissimi ac fidelissimi nostri Conradi ejusdem ecclesiae episcopi. Dolens ergo Egbertus idem quondam marchio se privatum comitatu tanto, penitentia ductus, per principes nostros nobis mandavit multumque supplicavit, ut eundem comitatum sibi redderemus, tali tenore, ut nunquam

---

a) omnia sua M. *als Var.*   b) Thuringiae M. *als Var.*

eum nobis infidelem sentiremus et per eum regni principes
dispersos in unitatem cogeremus. Quod ita verum spe-
rantes, comitatum, quem praediximus Sancto Martino de-
disse, invito episcopo Conrado reddidimus Egberto. Cui
in Saxonia et in Thuringia commisimus omnia nobis ser-
vanda, ut intrantibus vel excuntibus nobis cuncta forent
prospera. At ille statim ut de Saxonia eximus ᵃ, ad antiquam perfidiam revertitur, omnia nobis impedimenta ma-
chinatur. Iterum ergo in Saxoniam reversi sumus, ubi
collecti principes Egbertum fugientem nec pro justitia nec
pro misericordia satisfacere volentem praescripto judicio
dampnaverunt. Nam Sigefridus, Ottonis quondam ducis
filius, Egbertum ut publicum regni hostem et domini sui
imperatoris inimicum persequendum judicavit. Henricus
autem marchio suique aequales, marchia aliisque bonis
suis privari debere Egbertum eundem, judicaverunt, sibi-
que ablata nostrae potestati assignaverunt, praesentibus
ibi, videlicet Quintilineburc, regni principibus assensumque
praebentibus Hardwigo Magdeburgensi, Liemaro Hambur-
gensi archiepiscopis, Erphone Monasteriensi, Guntero Num-
burgensi, Volmaro Mindensi, Hemezone Halverstadensi,
Utone Hildesheimensi, Wernhero Merseburgensi, Roberto
Babenbergensi ᵇ episcopis, laicis Diemone, Diderico, Ottone
ceterisque fidelibus nostris diversarum dignitatum nomina
sortientibus. Sed nos adhuc exspectantes, castella ejusdem Egberti obsedimus, magis respectu ad nos eum re-
colligendi quam de nobis repellendi. Ille vero apposuit
iniquitatem super iniquitatem, ausus contra nos levare gla-
dium et erecto vexillo nos impugnando, quod Deus per-
misit in nos et in nostros commisit, qui etiam episcopum
et alios clericos trucidavit, quod jam non tantummodo bonis suis, sed etiam vita privari meruit. Unde auferentes
ei omnia bona sua sine spe recuperandi, comitatum, quem
Egberto juste ablatum Sancto Martino Trajectensi dedi-

---

a) exivimus M. *als Var.*   b) Babenburgensi M.

mus, Sancto Martino postea injuste ablatum Egberto reddidimus, nunc et in aeternum Egberto justissime ablatum Sanctoque Martino Trajectensi redditum, Conrado Trajectensi episcopo suisque successoribus episcopis perpetualiter tradidimus, ea ratione, ut nullus successorum nostrorum regum vel imperatorum nec nostra ipsissima persona, etiamsi velimus, nullo modo Trajectensi ecclesiae unquam auferre possimus. Cujus rei testem hanc cartam scribi jussimus, quam, ut infra videtur, manu propria corroboratam nostrique sigilli impressione insignitam omnium seculorum notitiae relinquimus.

Signum domini Henrici tertii Romanorum imperatoris augusti.

Hermannus cancellarius vice archicancellarii recognovi.

Data est autem Kal. Febr. anno dominicae incarnationis 1089, indictione 12, anno ordinationis domini Henrici 35, imperii autem 6. Actum Ratisponae in Dei nomine feliciter amen.

Gedruckt Mieris, Groot Charterboek der graven van Holland I, S. 73, nach zwei Exemplaren; wiederholt Schwartzenberg, Groot Placaat en Charterboek van Vriesland I, S. 68 (Böhmer Reg. 1930; Stumpf 2893). In der vorhergehenden Urkunde vom 7. Febr. 1086 (Böhmer 1923; Stumpf 2879) heisst es:

Ob hujusmodi culpam illius comprovinciales tam Saxones quam Turingi cum ceteris principibus nostris coram nobis ex jure gentium inde sententiam proferentes, ipsum sicut manifestum hostem regni et imperii Romani persequendum censuerunt, praedia vero ejus et quae a nobis habuerat beneficia imperiali nostrae ditioni ac potestati adjudicarunt,

und in der Unterschrift:

praesente domini Henrici imperatoris exercitu, mox ut in Egbertum fuerat judicium pronunciatum;

in einer andern vom 3. April 1086 (Böhmer 1923, Stumpf 2880):

Ob hujusmodi culpam comprovinciales ejus Saxones et Turingi praesentibus nobis et principibus nostris in ipsum judiciario ordine quaesitam sententiam proferentes, eum sicut manifestum inimicum imperii nostri persequendum censuerunt, praedia vero et quae a nobis tenuerat beneficia nostrae ditioni ex jure gentium et consensu omnium qui aderant adjudicaverunt.

Es sind die ausführlichsten urkundlichen Nachrichten über die Verurtheilung eines Fürsten vor der bekannten Gelnhäuser Urkunde Friedrich I. die wir haben.

5.

Königlicher Landfrieden (von 1097?)

(1). Omnibus aecclesiis earumque atriis, monachis, clericis, conversis, mercatoribus, exceptis his qui equos extra regnum nostrum vendunt, pacem juravimus et his qui etiam eandem pacem nobis jurant vel juraverunt vel juraturi sunt; et hoc sacramentum servaturi sumus hinc ad pascha et inde ᵃ ad duos annos.

(2). Confirmatum est etiam jurejurando, ut, si quis furtum fecerit in pretio unius solidi, verberetur et dupliciter solvat.

(3). Si quis ultra precium quinque solidorum furetur aut pacem violare praesumpserit aut virginem rapuerit, oculi ejus eruantur, aut pes aut manus abscidantur.

(4). Qui virginem rapuerit, si in aliquo castro obsideatur, castrum diruatur, perfuga diffinitum ᵇ patiatur.

(5). Si conjuratores ᶜ nostri aliquem de supra dictis causis reum insequentur vel noster exercitus pro communi causa aliquo ierit, tantum quis accipiat quantum sibi et equo suo sufficiat, cetera ibidem relinquat.

(6). In omni itinere fenum herba ac lignum edificiis non adaptatum licenter aufertur.

(7). Si qua conquestio de prediis et beneficiis oriatur, apud rectores nostros discutiatur.

a) idem *Hs.*   b) *Vielleicht* diffidantiam, diffidamentum *oder ein ähnliches Wort.*   c) Sicut juratores *Hs.*

Aus der Münchener Handschrift Lat. Nr. 6294, Fris. 94, f. 165', von Föringer abgeschrieben und im Archiv der Gesellschaft für ältere Deutsche Geschichtskunde VII, S. 797 gedruckt, für mich gefälligst von Hrn. Oberbibliothekar Halm noch einmal verglichen. Pertz ist geneigt die Urkunde in das Jahr 1122 zu setzen. Der Friede schliesst sich aber nahe an das an was Bernold 1093 von einem zu Ulm abgeschlossenen Frieden berichtet, SS. V, S. 457: Deinde firmissimam pacem tam duces quam comites, tam majores quam minores se observaturos a 7. Kalend. Decembris usque in pascha et a pascha in duos annos juraverunt: videlicet omnibus monachis sive conversis et clericis catholico episcopo subjectis, ecclesiis et earum atriis et doti earum, mercatoribus et omnibus eodem juramento obligatis, excepto Arnoldo invasore Constantiensis aecclesiae et omnibus ejus fautoribus. Hanc pacem singuli principes qui convenerunt unusquisque (so ist statt 'usquequisque' zu lesen) per potestatem suam usquequaque jurare fecerunt. 1094 erzählt er, dass der Friede auch in Baiern, Franken und Elsass angenommen sei; alles in Abwesenheit des Kaisers. Wir haben hier aber ohne Zweifel ein Friedensgesetz in seinem Namen für das Reich erlassen, und es liegt da wohl am nächsten an 1097 zu denken, wo Heinrich nach seiner Rückkehr aus Italien, wie Ekkehard erzählt, SS. VI, S. 209: Moguntiae cum principibus colloquium de pace habuit circa Kalendas Decembris. Es ist wahrscheinlich genug, dass man sich da an den vorher in einem grossen Theil des Reichs angenommenen Frieden anschloss.

6.

Elsasser Landfrieden.

Notum sit omnibus pacem cupientibus, qualiter Alsatienses cum suis primatibus subnotatam pacis editionem juxta conprovincialium suorum decretum conjuravere et conjuratam perpetuo, prout homini licet, in hunc modum confirmavere:

(1). Pacem vero precipue et semper et ubique omnibus ecclesiis et earum atriis; pacem clericis omnibus et feminis, mercatoribus, venatoribus et causa orationis transeuntibus et agricolis dum operantur in agris vel ad agrum exeuntibus vel redeuntibus.

(2). Hujus autem condictionis observantiam in dies et in tempora considerate distributam, a vespera scilicet quarte ferie usque ad ortum solis ferie secunde et in legitimis vigiliis et in canonisatis sanctorum festivitatibus et in quatuor jejuniorum temporibus et ab adventu Domini usque ad octavam epiphanie et a septuagesima usque ad octavam pentecostes, ita jurejurando sanxere, ut nullus in hujus condictionis termino arma ferat, exceptis necessario transeuntibus, exclusis omnibus publicis regie majestatis hostibus.

(3). Quicumque autem in prenominatis diebus et temporibus aliquem suum conjuratorem aut rapina aut incendio aut captivitate aut aliqua temeraria presumptione infra curtis aut domus ipsius conseptum aut conclave invaserit aut aliquem ad sanguinis effusionem temere percusserit, liber capitali sententia* puniatur, servus autem manu privetur.

(4). Si quis hujus conditionis reum occultaverit vel occultatum aufugere fecerit, ipse rei damnationi subjaceat.

(5). Et quisquis furore vel aliqua hostili occasione conjuratores suos injuste acclamaverit vel temere evocaverit, et liber et servus prefata damnatione puniatur.

(6). Et si quis aliqua intentione quasi reus acclamatus fuerit et ipse innocentie sue expurgationem appellaverit, liber vel personatus serviens, si infra patriam est, post 7 dierum inducias cum totidem sue comparitatis testibus se ᵇ expurget, plebejus autem et minoris testimonii rusticus aque frigide judicio.

(7). Si quis sicli unius aut duorum pretii furtum aut predam fecerit, corium cum capillis perdat; si secundo vel tanti vel quinque siclorum furtum vel rapinam fecerit, manu privetur; si tertio, absque omni dubietate suspendatur.

(8). Si autem publica imperatoris expeditione aut condictionali* excitati fuerint acclamatione, tribus diebus proprio pergant victu. Si autem iter prolixius fuerit, caballorum tantum cibaria et ad vescendum sumant necessaria, et nihil preter herbam, olera, poma, ligna et que ad venatoria pertinent exercitia tollere presumant.

(9). Equi autem admissarii, qui* vulgariter stuot vocantur, et vinee et segetes sub hac pacis condictione perpetuo permaneant, nisi forte aliquis ad pascendum equum suum in transeundo indigeat, sumat quod in pascendo sufficiat, in via tamen publice.

(10). Quod quisque ante hujus condictionis decretum aliquo vel proprietatis vel regiminis jure possedit, et nunc eodem jure possideat.

(11). Si quis autem sese ab hujus pacis sacramento subduxerit aut jurasse falso confessus fuerit, prenotato testium numero predictoque testimonii judicio, si infra hujus decreti terminum conversari voluerit, affirmet. Et si affirmare noluerit vel aliqua occasione contradixerit, aut condictionali* legi subjaceat, aut discedens discedat.

(12). Summopere autem omnibus hujus decreti invigilandum est et providendum auctoribus, ne quid in hac condictione temere agatur et sine discretione.

(13). Ad hujus sacramentum juniores semper inducantur vel etiam cogantur, hoc attendentes, quia quanto juniores tanto negligentiores.

(14). Et ne tam utile tamque* sacrosancte pacis decretum odiose negligatur, a sacerdotibus diligenter caveatur, et quia Leonis pape banno sancitum est, cunctis dominicis diebus constanter doceatur; et semper in quarte ferie vespera Dei pacis adventus, ut oportet, cum sonitu campanarum publice indicetur.

a) conditionali R. G.　　　b) quod G. R.　　　c) dumque G.

. Zuerst gedruckt bei Beatus Rhenanus, Rerum Germani-
carum libri III ed. a. 1532 S. 97, und daraus von Goldast,
Const. imp. II, S. 47 wiederholt, dann bei Grandidier, Histoire d'Alsace, Preuves I, S. CCLXV: 'Ex manuscripto Bi-
bliothecae Beati Rhenani, quae servatur Selestadii'.
Kluckhohn, Gottesfrieden S. 67, hat die Echtheit ohne
Grund bezweifelt; Stobbe, Geschichte der Rechtsquellen I,
S. 476, dies interessante Denkmal gar nicht erwähnt; dagegen Giesebrecht, Kaisergeschichte III (3. Aufl.), S. 639,
mit Recht wieder auf dasselbe aufmerksam gemacht. Er setzt
es wie alle früheren unter Heinrich III. Doch scheint es
mir sehr zweifelhaft, ob damals schon eine solche Landfrie-
denseinigung, die den Gottesfrieden vollständig in sich aufgenommen, in Deutschland beschworen worden ist. Die Be-
zugnahme auf den Bann Papst Leo IX. wird das allein schwer-
lich darthun, da man gewiss auch später auf eine von ihm
ausgegangene Bestätigung des Gottesfriedens gerade im Elsass geneigt sein mochte Rücksicht zu nehmen. Manche
Ausdrücke des Friedens finden sich in den Urkunden der
Bischöfe Otto und Cuno von Strasburg aus dem Ende des
11ten, Anfang des 12ten Jahrh. wieder (so steht *condictio*
für Vertrag in der Ottos 1097, Schöpflin Alsatia diploma-
tica I, S. 178; *aliis sue comparitatis*, Urk. Ottos v.
1096, Grandidier II, S. CLXXI, und ähnlich Würdtwein Nova
Subsidia VII, S. 11. 30; mit den Worten (c. 13): *Quanto
juniores tanto negligentiores* beginnt Otto eine Urkunde 1096, Grandidier S. CLXX, und ebenso Cuno 1119,
Würdtwein S. 29), und ich bin daher geneigt das Acten-
stück in die späteren Jahre Heinrich IV. zu setzen, gleich-
zeitig mit den Landfrieden aus Schwaben die LL. II, S. 61
gedruckt sind.

---

7 und 8.

*K. Heinrich V. bestätigt die alten Rechte der Ca-
noniker zu Lüttich und Mastricht. 1107. Dec. 23
und 1109.*

In nomine sanctae et in-
dividuae Trinitatis. Henricus

In nomine sancte et in-
dividue Trinitatis. Heinricus

Dei gratia quintus Romanorum rex. Notum sit universis ecclesiae catholicae filiis, quoniam rediens de expeditione in Robertum comitem Flandriae facta Leodium veni; ubi decenter et honorifice ecclesiae occursu exceptus et in conventu fratrum frater ipse effectus, has subscriptas leges paternas, antiquissima inquam privilegia in medium producta recepi, inspexi, postmodum, Oberto ejusdem ecclesiae episcopo praesente et ipso cooperante, legitime renovanda et perpetuo corroboranda decrevi. Sunt autem haec:

(1). Si quis rusticus aliquam angariam nostramᵃ nobis de villa prosecutus fuerit, nullum forense judicium sustinebit, sed etiam si reus fuerit, in illo cujuscunque canonici obsequio, eundo vel redeundo ipse cum suis omnibus liber erit.

(2). Item si alicujus canonici serviens, qui in convictu suo sit, aliquid in civitate peccaveritᵇ, nullum fo-

Dei gratia quintus Romanorum rex. Notum sit universis aecclesiae catholicae filiis, qualiter interventu fidelis nostri Adelberti cancellarii et prepositi aecclesiae sancti Servatii in Trajecto et communi peticione fratrum ejusdem aecclesiae asscriptas leges antiquissimo tempore eidem aecclesiae traditas in medium productas recepimus, postmodum coram multis principibus regni nostri legitimeᶜ renovandas et in perpetuo corroborandas regia auctoritate decrevimus. Sunt autem hae:

· (1). Si quis rusticus aliquam angariam prepositi aecclesiae vel fratrum de villa prosecutus fuerit, nullum forense judicium sustinebit, sed etiam si reus fuerit, quamdiu in predictis aecclesiae prepositi vel canonicorum detinetur obsequiis, eundo et redeundo cum suis omnibus liber erit.

(2). Item si aliquis ministerialis prepositi famulus, qui de familia aecclesiae fuerit vel beneficium aecclesiae

a) *vielleicht:* canonici de.   b) patraverit Cb.   c) et l. r., in F.

2 *

rense judicium sustinebit, nisi publicus mercator fuerit; sed in refectorio Sancti Lamberti forensi potestati vel cuicumque reus fuerit, domini sui conductu cujus cliens est, judicio parium suorum claustralium servientium satisfaciet; nullum vero teloneum solvet.

de manu prepositi habuerit, sive apud villas sive in Trajecto manens, vel si alicujus canonici serviens proprius vel precio conductus, qui in cotidiana sua familia et in convictu suo sit, aliquid in civitate peccaverit, nullum forense judicium sustinebit, nisi publicus mercator fuerit; sed, si prepositi ministerialis fuerit, in domo sua, si vero alicujus canonici serviens fuerit, in refectorio Sancti Servatii forensi potestati vel cuicumque reus fuerit, domini sui conductu cujus cliens est, judicio parium suorum claustralium servientium satisfaciet.

(3). Item si quis de convictu alicujus canonici non fuerit, sed beneficium ab eo habuerit et homo ejus fuerit, domini sui conductu ante ipsum episcopum veniet et judicio parium suorum, qui ab ipso episcopo vel a quolibet canonico beneficia obtineut, satisfaciet ª. — Item si non cliens vel beneficiatus suus sed aliquis ᵇ tantum legationis vel visitationis gratia ad canonicum ve-

(3). Item si quis de convictu alicujus canonici vel clerici non fuerit, sed beneficium ab eo habuerit et homo ejus fuerit, et de villa servitii vel visitacionis gratia ad eum venerit, eundo et redeundo ab omni jure civili liber erit, et si proclamatio in eum exorta fuerit, domini sui conductu judicio parium suorum satisfaciet proclamantibus.

a) satisfacient Ch.

b) aliquid Ch.

nerit, eundo et redeundo a jure civili liber erit.

(4). Villicus et omnes officiales ministri de villis eorum[a] liberi erunt vel domini sui conductu in refectorio Sancti Lamberti satisfacient; nullum vero teloneum persolvent.

(4). Villici aecclesiae et omnes officiales ministri de villis eorum et officiales ministri, scilicet pistores, coci, cellerarii, bretzedarius, campanarii et caeteri claustrales ministri ab omni jure forensi et civili liberi erunt et in se proclamantibus conductu domini vel magistri sui satisfacient.

(5). Item in domibus ad claustrales sedes pertinentibus forensis potestas jus nullum spoliandi aut ostium obserandi vel vigiles vel ostiatim denarios exigendi habebit, sed tantum inibi manens, si extra domum deprehendi potuerit, forense judicium subibit. De censu autem ipsarum domorum et de lite aliqua, quam inter se de finibus suis habuerint inibi manentes, ante ipsius terrae dominum judicio parium suorum satisfacient. — Si autem non claustralis sedis, sed mansionariae terrae domus fuerint, ipsas domos spoliandi, obserandi, habitatores capiendi jus erit fo-

(5[a]). Item cives in Trajecto, qui curtilia fratrum vel molendina vel alias terras infra bannum ejusdem loci possident, si constitutis terminis censum dare neglexerint vel presumpserint, vocati a camerario in capitolium ubi investiri solent, ipsi coram fratribus de negligentia et presumptione judicio parium suorum satisfacient[b]. Quod si satisfacere noluerint, terra quam possident ibidem eis abjudicetur. Si vero, postquam abjudicata fuerit, eam per violentiam obtinere voluerint, querimonia de rebellione fiet coram judicibus ville, et ipsi inde[c] pacem facient.

a) ejus Cb.   b) satisfaciant F.   c) eis, *das später über der Zeile zugefügt*, hat F. aufgenommen.

rensi potestati, excepta Sa-
bulonaria, in qua forensis
potestas nullum jus nisi in
latrouibus, in falsis mensu-
ris, in seditionibus quas vulgo
stuerm [a] et burinne dicimus,
judicandis [b] [habebit] [c]. De
censu autem domorum et lite
finium terrae canonicus, cujus
ea fuerit, judicabit [b]. — Quod
si hereditas aliquibus abjudicata [d] fuerit et eam per violentiam obtinere voluerint, querimonia de rebellione fiet episcopo,et ipse inde pacem faciet.
— Quod si aliquis vel em-
ptione vel hereditate aliquid
de terra claustrali vel man-
sionaria obtinuerit, quando
investituram requisierit, domino ipsius terrae quantum
census tantum redemptionis
dabit.

(5[b]). Furta et pugnae, si
in domo alicujus canonici contigerint, ipse dominus domus
cum caeteris canonicis ifde
dijudicet; si infra officinas
interioris claustri contigerint,

a) stuer Ch. *Vgl.* sturma et burma (*lies:* burina) *in den Urkunden bei Martene Coll. IV, S.* 1172. 1175. 1177; *und si quis de familia vel potestate advocati sturnum vel burinam fecerit, Ducange VI, S.*
399 *aus einer bei Miraeus I, S.* 658 *unvollständig gedruckten, ver-
dächtigen Urkunde Heinrich II.* (*Stumpf Nr.* 1558); impetum et burinam, *Martene Coll. I, S.* 710 (*Miraeus I, S.* 93 *unvollständig*).
Ueber burina s. Ducange I, S. 817. b) indic. Ch. c) *fehlt* Ch.
d) adjud. Ch.

(6). Item si quis suburbanus clericus domum hereditariam habuerit vel emerit et in eadem manserit, liberam ab omni jure civili obtinebit.

(7). Item si quis servientem nostrum vulneraverit vel occiderit, ipse et omnia sua episcopali potestati adjudicari debent, et pacatio, quae congruat personae vel culpae, ipsi servienti persolvi. — De ipsis autem canonicis vulneratis vel verberatis sinodali censura judicabitur. Quod si quis negare hujusmodi reatum voluerit, non jurejurando, sed Dei judicio se expurgabit, quoniam hujusmodi contra clericos injuria emunitatis legem obtinebit.

Hujus igitur rei testamentum ut ratum maneat et inconvulsum, sancitum est et

decanus; si infra ecclesiam aut atrium, inde prepositus judicium faciet. Judex autem villae nichil eorum quae infra emunitatem claustri vel atrii vel aecclesiae contigerint judicet, neque in festo sancti Servatii a mercatoribus infra emunitatem theloneum exiget vel aliquam justiciam faciet.

(6). Si quis suburbanus clericus domum hereditariam habuerit vel emerit et in eadem manserit, liberam ab omni jure civili obtineat.

(7). Si quis clericum vulneraverit et verberaverit, synodali censura judicetur. Si negaverit, summo judicio se expurget.

Preterea — constat (*über den Tausch zweier Höfe*). Et ut hec omnia tam

adstipulatum tot tantorum auctoritate virorum. Signum* Frederici Coloniensis archiepiscopi. Signum* Arlongi Werzeburgensis episcopi. Signum* Brunonis Spirensis episcopi. Testes Fredericus praepositus; Henricus decanus; Theodericus, Andreas, Henricus, Alexander, Almannus archidiaconi; Warnerus comes; Hermannus, Wibertus, Berengarius, Arnulphus, Lambertus et Wilhelmus.

Signum*ᵇ domini Henrici quinti regis invictissimi.

Ego Adelbertusᶜ cancellarius vice Rothardi archicancellarii recognovi.

Anno dominicae incarnationis 1107, indictione 15, anno autem domini Henrici quinti Romanorum regis 2. Datum [10.]ᵈ Kal. Januarii. Actum Leodii feliciter in nomine Domini.

in legum traditione et corroborationeᵉ et curtilium commutatione perpertuo stabilia et inconvulsa permaneant, hanc cartam inde conscribi fecimus et manu propria, ut subtus cernitur, corroborantes, sigilli nostri impressione jussimus insigniri.

. Signum domini Heinrici quinti regis Romanorum.

Ego Adelbertus cancellarius vice Rothardi archicancellarii recognovi.

Anno dominicae incarnationis 1109, indictione 2, anno autem domni Heinrici quinti Romanorum regis regni 4. Data . . . . Actum . . . Feliciter in nomine Domini.

Nr. 7 ist gedruckt bei Chapeaville, Gesta pontificum Leodiensium II, S. 54, wiederholt Lünig, Reichsarchiv XVII, S. 498. Böhmer hat, Reg. Rudolfi Nr. 203, nach der Bestätigung Rudolfs den 23. December als Datum angegeben, und Stumpf ist ihm gefolgt, Nr. 3019. — Die Urkunde für das Stift St. Servaes hat Ficker in den Acta imperii Nr. 75. aus dem Original in Haag neu gedruckt; sie scheint nicht

a) Scilicet Ch. b) Sigillum Ch. c) Albertus Ch.
d) fehlt Ch. e) corroboratione F.

vollzogen zu sein; ich habe den Theil wiederholt der Nr. 7 im wesentlichen entspricht: die beiden Texte erläutern sich gegenseitig.

———

9.

K. Heinrich V. und Erzbischof Friedrich von Köln bestätigen den Einwohnern von Staveren ihre alten Rechte. Mainz 1108 (Jan.).

In nomine sancte[a] et individue Trinitatis, dominica protegente [clementia[b]] Heinricus[c] rex. Notum quoque facimus omnibus Christi[d] nostrisque fidelibus tam presentibus quam futuris, qualiter nos Stavrensibus[e] omne jus, quod a Karolo rege deter[min]atum[f] est eis et institutum et ab ipsius loci probatissimis est decretum et inventum et quod ab aliis sapientibus patrisque nostri fidelibus est collaudatum, tam legale jus quam morale, et illud precipue quod comes Egbartus specialiter eis majore quodam dilectionis affectu constituit [confirmamus[g]], scilicet ut cum extraneis aut etiam inter se duellum propter[h] aliquam causam non configant, generale placitum quod dicitur bodthing non opservent, pecuniamque, quam et de perpetrato homicidio debent, exinde[i] inter se dividant, et nulli[k] alii, excepto suo comite, cui[l] priori, prout eis placuerit, partem inde distribuant, fracturas et combustiones domorum ut[m] patientur inter se, nisi ob has quatuor causas, utpote si quis hominem vel[n] mulierem interfecerit morte quae dicitur

a) Domini sancte S.   b) *fehlt* S.   c) Heynr. S., Henr. *als Var.*   d) et S.   e) Stavrencibus S.   f) deterratum S.   g) *fehlt* S.   h) pro aliqua causa S. *als Var.*   i) et inde S.   k) nullus alius S.   l) *Der Text ist hier offenbar corrumpiert; man kann vermuthen:* qui preest *oder* cui parent, *oder etwas dem ähnliches.*   m) *vielleicht:* non.   n) hominem mulierem S. *als Var.*

morth^a, aut si quis pacem, quam omnis possidet^b Frisia,
scilicet in domibus, per homicidium violaverit, aut com-
munem pacem totius civitatis illius infregerit^c aut mulierem vi in ea oppresserit: ob has 4 causas permittimus^d
fracturas et combustiones domorum, ita tamen ut alicujus
innocentis domus, licet etiam facientibus^e consanguinitate
conjunctus sit, dampnum non patiatur; quod si aliquis sti-
pantibus parentibus [et]^f amicis penam^g pati noluerit^h aut
comiti, ne fiat, contradixerit, aut comes aliquaⁱ causa in-
ductus facere noluerit^h, inimicus sit regis, et causa subjecta communis in manu sit regis. Haec omnia scripta
scripsimus, [sicut]^k pater meus ipsis Stavrensibus scripsit
et consignavit, et nos etiam consignamus et confirmamus.
Scripsimus eis insuper de theloneo, quantum dare debeant
euntes et redeuntes per Renum et de comitatu Utvefghe-
ferdi of uaghelam: quod si quis eis infregerit, inimicus
sit regis. Et ut haec semper rata permaneant, hanc cartam sigilli nostri impressione signamus et Coloniensi episcopo suo sigillo sub banno consignari facimus.

Fredericus Dei gratia Coloniensis archiepiscopus omnibus fidelibus salutem. Omnibus qui huic regum nostrorum pie ordinationi contradixerint excommunicamus, sive
clerici sive laici fuerint, et sacerdotibus Frisie precipimus
sub banno, ne aliquem supradicte legis^l violatorem in
ecclesia vel matrice ecclesie vivum vel mortuum suscipiant;
quod si quis fecerit, nisi satisfecerit, anathema sit. Et ut
haec in perpetuum inconvulsa permaneant, hanc cartam
jussu imperatoris nostri^m nostro sigillo sicut ipse consignamus.

a) mort S. *als Var.*   b) possit S.   c) infregit S.
d) promittimus S.   e) *fehlt* S. *als Var.*   f) *fehlt* S.
g) pecuniis S.   h) voluerit S.   i) aliquam causam S.
k) *fehlt* S.   l) regi S.   m) nostris S.

Data anno ab incarnatione Domini 1108[a]. Acta Maguntie feliciter.

Gedruckt bei Schwartzemberg, Groot Placaat en Charterboek van Vriesland I, S. 71, aus zwei Copien des 14ten Jahrhunderts, von denen die Abweichungen der zweiten als Varianten angegeben sind. Der Text ist sehr verdorben und wohl nur theilweise durch Conjectur wiederherzustellen. Auch die ganze Fassung hat manches Auffallende; doch sehe ich keinen Grund an der Echtheit zu zweifeln, und auch Stumpf Nr. 3211 hat kein Bedenken geäussert[1]. Er setzt die Urkunde Heinrichs zwischen 1106—1109, die Bestätigung des Erzbischofs mit dem Druck 1118. Aber offenbar gehört beides auf das engste zusammen, ist vielleicht nur Eine Urkunde gewesen. Der Erzbischof wird auch in Mainz nur geurkundet haben, wenn er sich hier bei dem Kaiser befand. Das war 1108 im Januar der Fall; s. die Urkunde vom 28. d. M. bei Dümge, Regesta Badensia S. 28 (Stumpf Nr. 3024), so dass beides ohne Zweifel hierher zu setzen ist.

10.

Dietrich von Amersfoort belehnt seine Tochter mit dem Gut Davitslaar. 1119, *Mai* 26.

Nos Didericus de Amersfordia miles notum facimus

a) M. C. XVIII. S.

1) Ich glaube, dass auch bei manchen andern Urkunden die Zweifel gegen die Echtheit aufgegeben werden müssen, wenn wir berücksichtigen, dass offenbar nicht alle in der Kanzlei ausgefertigt, sondern manche in den Stiftern geschrieben und dem Kaiser nur zur Vollziehung vorgelegt wurden. So halte ich für echt Stumpf Nr. 2896, wo die anstössigen Zeugen der Urkunde des Bischofs Friedrich angehören, deren Inhalt der König vollständig aufgenommen; 2643; vielleicht 2570; auch 2459 und 2460 möchte ich mit ihren Zeugenunterschriften nicht ohne weiteres verwerfen (die in 2459 von Stumpf hervorgehobene Anwesenheit des Bischofs Reginar von Lüttich bezieht sich auf einen Vorgang der 20 Jahr früher stattgefunden). Entschieden unecht ist dagegen 3103.

universis has literas inspecturis, quod bona de Davitslaer
cum omnibus suis pertinentiis in feodum concessimus do-
micellae Henricae filiae nostrae, et hoc sub pacto Sutpha-
niensi. Et pro filia fecit nobis juramentum fidelitatis
Hugo Butijr miles, praedictae filiae maritus, et sic ille
quoque factus est noster homo. In horum testimonium apponendum duximus nostrum
sigillum. Datum anno Domini 1119, postridie octavae
pentecostes.

Gedruckt bei Bondam, Charterboek der Hertogen van
Gelderland Bd. I, S.168, wo frühere Drucke angeführt sind.

11.

*K. Heinrich V. bestätigt den Utrechtern ihre Rechte
in Beziehung auf Zollabgaben und Gerichtsbarkeit
fremder Kaufleute. 1122, Juni 2.*

(|. In nomine sancte et individue Trinitatis Heinricus
divina favente clementia quartus Romanorum imperator
augustus ||. Dum fidelium nostrorum utilitati benigne con-
sulimus digneque eorum peticioni acquiescimus, antecessorum nostrorum regum sive imperatorum morem exsequi-
mur et tanto majorem futurorum nobis nostrisque successoribus benivolentiam spe remunerationis captamus. Notum sit igitur omnibus tam futuris quam presentibus, quod
non solum Trajectensibus, sed etiam omnibus, qui in illorum ambitu continentur, jus et consuetudinem ac privile-
gium ab episcopo Godebaldo concessum cognoscimus, et
sub hujus condicionis titulo confirmamus, ut unanimes nostrae insistant fidelitati nostraeque dignitati ac coronae
detrahentes et adversantes pro possibilitate opprimere stu-
deant, infideles humiliando, sed fideles corroborando. Ve-

nientes autem ad presentiam nostram devoti ac fideles nostri Giselbertus Galo scultetus et Arnoldus castellanus et honestiores Trajectensium cives, conquesti sunt nobis de violenta injuria, quam in theloneo Trajecti constituto sustinuerunt, dicentes, quod contra antiquam et ratione subnixam consuetudinem a mercatoribus civitatem illam frequentantibus graves cotidie fierent exactiones. Habito igitur tractatu cum pruden[tior]ibus super antiqua consuetudine et justa solvendi thelonei ratione, intellexi[mus], quid super ejusdem thelonei rationabili exactione celsitudinis nostrae auctoritas definire deberet; decrevimus enim circa hoc et in perpetuum precepimus antiquae institucionis et observantiae modum, qui talis est: Qui desupra Dusburg [veniu]nt annonam afferentes, dent octo denarios, sed octavus eis reddatur, de [plecte] duos et unum pro modio; qui autem a locis infra Dusburg constitutis venerint, dent septem denarios, et septimus eis reddatur, de plecte duos et unum pro modio. Vinum afferentes de quolibet vase sedecim denarios dent, sextus decimus eis [reddatur]; si decem vasa vel plura habuerint, unius vasis theloneum remittatur eis, quod vulgo vûllewin dicitur; si pauciora quam decem, nichil condonetur eis. Si alle[ca], ut deferant [1], emerint, si majus est theloneum piscis quam vini, pro pisce theloneum solvant. Fresones sal afferentes unum lop salis et unum denarium solvant; [Freso]nes de Osterlant venientes viginti quatuor denarios dent, ita ut quatuor eis reddantur. De Saxonia venientes decem et septem dent denarios, septimus decimus eis re[dda]tur. Es venale afferentes fertonem de quolibet last solvant. Dani, cum mercandi causa introierint civitatem, de capite suo singuli, qui magistri dicuntur navium, quatuor denarios dent. Nortmannos ab omnimodo theloneo liberos esse cognoscimus. Quicunque infra terminum hujus thelonei venerit, et de hoc convictus fuerit, quod justum theloneum dolose detulerit, tria talenta

1) D. h.: zur Ausfuhr.

Tielensis monetae solvat. Quicunque mercandi causa civitatem intraverint, tam ipsi quam bona eorum sub judicio illorum mancant qui publice juraverunt justam judicii dare sentenciam, id est scabinorum. Ut autem hujus nostrae confirmationis auctoritas stabilis et inconvulsa permaneat, hanc inde cartam propria manu corroboratam scribi et sigilli nostri impressione jussimus insigniri. Huic nostrae confirmationi idoneos adhibuimus testes Godebaldum Trajectensem episcopum, Conradum Osnabrucgensem episcopum, Meugodium Sancti Martini prepositum, Hermannum prepositum, Fridericum comitem de Arnesberch, Arnoldum comitem de Cleve, Arnoldum de Rod et fratrem ejus Rucherum, Giselbertum Galonem scultetum, Waldonem, Sigebaldum, Hermaunum, Wiltetum, Godescalcum, Uscherum, Algerum, Petrum, Tancouem.

Signum. Heinrici quarti Romanorum imperatoris invictissimi.

Bruno cancellarius recognovi vice archicancellarii. Indictione 13, 4. nonas Junii.

Data in palacio imperatoris in Trajecto, quod vulgo Lofen dicitur, anno incarnationis dominicae 1122, anno domini Heinrici quarti regni ejus 22, imperii vero 12.

Aus dem Original mit anhängendem Siegel im Stadtarchiv zu Utrecht abgeschrieben von W. Junghans; die Lücken aus einer Copie vom Jahr 1395 im Chartular B. ausgefüllt; gedruckt Mieris, Charterboek der Graven van Holland I, S. 86 (über andere Ausgaben s. Codex diplomaticus Neerlandicus I, S. 4 Nr. 7). Die zweite Urkunde K. Heinrichs von demselben Tage (Stumpf Nr. 3174) ist neu gedruckt im Oorkondenbook van Holland I, S. 72.

12.

Bestimmung der Rechte des Herzogs von Lothringen und des Klosters St. Dié im Thal Galilaea (zwischen 1115 und 1123).

In nomine sanctae et individuae Trinitatis, Patris et Filii et spiritus Sancti. Quoniam filii matris ecclesiae servi facti magis hominem quam Deum metuunt, siquidem ejusdem bona rapientes et legem et tenorem infringentes magis homini placere quam Deo appetunt, ideo inclyto duci Simoni, comiti Odvino, Alberto de Darney et Simoni advocato necnon domno Rembaldo venerabili praeposito ecclesiae sancti Deodati caeterisque fratribus ejusdem loci pie et provide visum est, quasdam ecclesiae consuetudines, quae vel depravari vel minui videbantur, sicut fuerant ab antiquo, terminare et, ut ratae et inconcussae remaneant, sigillo ducis roborare.

Quia ergo duos bannos, Sancti videlicet Deodati atque ducis, in valle Galilaea esse cognovimus, in paucis quae subscripta sunt alterius ad alterum legem et consuetudinem videamus.

(1). Si mansionarius Sancti Deodati ad forum venerit et in die fori tertia feria in ipso foro vel in via fori aliquam culpam fecerit, secundum justitiam fori inde respondebit. Quod si pro eadem culpa imbannitus fuerit et cum rebus suis in mansum Sancti Deodati infra forum confugerit, minister ducis apud ministrum ecclesiae proclamabit; et si reus cum rebus suis non exponatur, satisfacere de culpa ministrum ecclesiae oportebit.

(2). De teloneo vero et monetae concambio in aula respondebit. Et si imbannitus fuerit, fundum vel mobile suum eum tueatur, et si utrumque defuerit, in persona sua constringatur.

(3). Censum suum, praeter eum[a] quem debet pro terra in banno ducis posita, usque ad festum sanctae Margaretae sine justitia persolvet. Et si de culpa quae ad terram pertineat fuerit appellatus, eadem die respondere debet. Postea vero de nulla actione quae ad terram pertineat usque ad eandem diem revoluto anno, nisi vicinum suum superaraverit[b] vel foenum vel messes ejus supersecuerit, respondebit.

(4). Et si rex exercitum comparaverit et dux ad eum cum exercitu ierit, quantum mansionarius debet pro terra de censu in banno ducis posita, tantum de adjutorio dare eum oportebit.

(5). Praeter hoc autem de servitio aliquo vel consuetudine nullus eum inquietabit.

(6). Item villicationem et aliud ministerium non cogetur accipere. Et si sponte susceperit et aliquam culpam commiserit, nec in corpore nec per aliud quod in banno Sancti Deodati habeat poterit constringi.

(7). Item si aliquis clientem ecclesiae interfecerit et pro interfecto pecuniam constitutam restituerit, tota pecunia praeposito et fratribus restituetur. De justitia tertia pars advocato, duae vero ecclesiae relinquentur.

(8). Praeterea si quis in banno Sancti Deodati furtum fecerit, vel alibi, et factum in eo reportum fuerit; praepositus inde sine advocato, usque dum abjudicari debeat, placitabit. Pro fore abjudicando seu puniendo advocatus advocetur, et tunc demum si redemptio data fuerit, duas partes habebit ecclesia, tertia vero advocato relinquetur.

(9). Duellum vero et duelli redemptio per manum praepositi ac ministri ejus transigetur.

(10). Item si argentum de montibus elicitur, si montes in banno Sancti Deodati fuerint, argentum quoad ditionem ejus et suorum pertinebit.

(11). Et si dux in patriam venerit et de statu vallis,

---

a) praeterea C.   b) superaverit C.

de pace videlicet atque lege, ordinare voluerit, per praepositum et ministrum ecclesiae eos qui prudentiores ac sanioris consilii videbuntur, quotienscumque voluerit, convocabit. Et si quis de culpa quae ad ducem pertineat fuerit impetitus, ad honorem ducis inde respondeat; sin autem, liber et in pace ad propria sua redeat.

Gedruckt Calmet, Hist. de Lorraine II, Preuves S. CCLX; Edit. 2. V, S. CXXXIII.

13.

Erzbischof Rainald von Reims belehnt den Bischof Albero von Lüttich mit dem Lehn das zum Schlosse Bouillon gehört. 1127.

In nomine sanctae et individuae Trinitatis. Notum sit omnibus praesentibus, et quorum futura posteritas ex-. pectatur hac ᵃ praesenti pagina discat, quid et quomodo de beneficio Remensis ecclesiae, quod ad castellum quod Bullion dicitur pertinet, cum Alberone venerabili Leodiensium ᵇ episcopo statuimus. Ego Raynaldus ecclesiae ᶜ Remensis licet indignus minister beneficium, quod Remensis ecclesiae ab antiquo esse dinoscitur, quod etiam ad Bullionem pertinere nulli dubium est, Alberoni Leodiensium episcopo et per eum successoribus suis conditione supposita contradidi.

Si ob aliquorum infestationem Remensi ecclesiae ingruerit necessitas, dominus Leodiensis episcopus equitatum trecentorum militum singulis annis mihi vel meo ducet cuilibet successori, si quadraginta dies ante praemonitus fuerit. Quod si taliter praemonitus, habere se legale vel canonicum impedimentum monstraverit, de praedicta

a) haec M.　　　b) Leodiensi Cb.　　　c) R. e. Cb.

expeditione excusatus erit; ita tamen ut, postquam fuerit
expeditus, pactum exsolvat praefixum, eodem rursus termino revocatus. Hunc autem equitatum dominus Leodiensis suo conductu et propriis expensis ducet usque Mosomum[a]; quo postquam pervenerit, Remensis ei cum suis
omnibus et in progressu et in morando et in revertendo
usque ad[b] Mosomum[a] victus necessaria providebit. In quam-
cumque vero partem circa Remensem urbem et[b] per decem
leugas protrahere hanc militiam vel habere secum ad ob-
tinendam ecclesiae utilitatem voluerit, per quindecim dies
cum expensis eos retinebit; ita ut infra hunc terminum
eos reducat usque Mosomum[a]. Si vero eundo vel redeundo aliquid de suis amiserint[c], de his omnibus archiepiscopus nihil eis recompensabit. Quicquid autem lucrati
fuerint tam in equis quam in aliis rebus, praeter captos
milites, sui juris erunt.

Si de praedicto beneficio violentia vel infestatio fuerit illata Leodiensi episcopo, Remensis ei consilio aderit
et auxilio.

Si quae vero contradictio fuerit orta vel proclamatio
digna audiri, non alibi statuet diem audientiae nisi Mo-
somi[d], juvabitque eum ad retinendum lege et sententia
judiciali. Similiter ibidem et non alias alibi Remensi
occurret Leodiensis episcopus, de neglectu hujus servitii
vel pacti praevaricatione tantummodo responsurus.

Quia vero Leodiensis episcopus aliorum more casa-
torum hominum nobis facere non potuit hominium, octo
de suis, quatuor videlicet de castellanis de Bullion, Galterum[k] scilicet de Bullion, Ingonem[l] de Mirewalt[m], Manassem
de Herge, Ingonem[l] filium Lamberti, et quatuor de aliis
casatis suis, Cuigerum[n] advocatum, Galterum castellanum
de Hoio, Rainbaldum[o] de Jupperi, Lambertum de Tienbe-

a) Mosonium Cb. b) *fehlt* Cb. c) amiserit Cb. M.
d) Mosonii Cb. e) castellaniis M. f) Bullon Cb. Buillon M.
k) Gualterum M. l) Iugonem Cb. m) Mirenvalt M.
n) Cingerum M. o) Raynaldum M.

che*, a quibus hominium suscepimus, nobis produxit. Insuper hujus conventionis tenorem et amicitiae servandae in manu nostra firmavit; quod etiam a successoribus suis Remensi archiepiscopo eodem modo observandum statuit. Utrisque tandem episcopis, Remensi scilicet et Leodiensi, sublatis de medio, ab utriusque ecclesiae successoribus pactum omne, ut praediximus, observabitur perpetuo et irrefragabili jure, ita [b] quod Leodiensis episcopus veniens Mosomum [c], firmata amicitia, renovata conventione, redditis hominiis baronum praenominatorum, si supervixerint, vel heredum sibi succedentium, a Remensi archiepiscopo gratis et absque ulla contradictione certum recipiat beneficium.

Si vero quolibet accidente casu aliquando Leodiensis ecclesia praedicti castelli possessione caruerit, ita ut juste reclamare non possit, omnis praescripta conventio de [d] .. .. inter Remensem et Leodiensem episcopum cassa et annullata maneat.

Quia ergo, sicut scriptum est, generatio praeterit et generatio advenit, et dictorum atque [e] factorum nostrorum aetas interit, ne processu temporis deleri quod gestum est aut ambiguitate mutari valeat, hanc nostram conventionem scripto mandavimus, probabiliumque [f] personarum attestatione firmavimus, insuper additamento nostrae imaginis communiri jussimus. Signum Odonis abbatis Sancti Remigii; sign. [g] Joranni abbatis Sancti [h] Nichasii [i]; sign. Ursionis abbatis Sancti [h] Dionysii; sign. Nicolai archidiaconi; sign. Hugonis archidiaconi; sign. Joffridi decani; sign. Leonis cantoris; sign. Odonis presbiteri; sign. Bosonis, sign. Drógonis, sign. Joannis diacouorum [k]; sign. magistri Alberici [l]. De laicis: sign. Henrici de Castellone [m]; sign. Blihardi de Hercreio; sign. Nicolai de Burgo; sign. Radulfi de

---

a) Tiembeche M. b) Item M. c) Mosonium Ch.
d) so Ch., de . . . . fehlt M. e) aeque M. f) que fehlt M.
g) scilicet Ch. und so im Folgenden immer. h) scilicet Ch.
i) Nicasii M. k) Drogonis presbyterorum M. l) Albini Ch.
m) H. Casterbono Ch.

Radulfi curte; sign. Haimonis castellani de Alto monte;
sign. Balduini dapiferi; sign. Alberici Materranni. De
Leodiensibus: sign. Alexandri archidiaconi; sign. Dodonis
archidiaconi: sign. Arnulfi praepositi; sign. Willelmi praepositi; sign. Henrici. De laicis: sign. Lamberti comitis *;
sign. Guidrici de Walecurte; sign. Guigeri advocati; sign.
Gualteri Lutensis; sign. Guidrici ᵇ dapiferi; sign. Lamberti; sign. Arnulphi; sign. et Balduini.

Actum Remis anno incarnationis verbi 1127, indictione 5, regnante Ludovico Francorum rege anno 5, ar-
chiepiscopatus autem ᶜ domini Raynaldi anno ᶜ 3. Ful-
cradus cancellarius recognovit, scripsit et subscripsit.

Gedruckt Chapeaville, Gesta pontificum Leodiensium II,
S. 100, und Marlot, Metropolis Remensis historia II, S. 294.
Ueber andere Ausgaben s. Wauters, Table chronologique des
chartes et diplomes T. II, S. 142.

14.

*Herzog Simon von Lothringen giebt Ansprüche auf
die er widerrechtlich gegen die Leute des Klosters
St. Dié gemacht. 1132.*

In nomine sanctae et individuae Trinitatis. Ego dux
Simon Lotharingiorum ᵈ et marchio. In celebri conventu
apud Theodonis villam coram domino Alberone archiepiscopo reverentissimo Trevirensi, praesentibus quoque
tribus episcopis, Stephano Metensi, Henrico Tullensi et
Alberone Virdunensi, multisque regni principibus, qui causa
pacis convenerant, subscriptas pravas exactiones tempore
meo in ecclesia sancti Deodati inductas, divina clementia

---

a) comitis etc. M., *wo die übrigen Namen fehlen.*
b) Cuidrici Ch.   c) *fehlt* M.   d) Lotharingorum M.

inspirante, recognovi, et assensu et voluntate conjugis meae excellentissimae ducissae Adelidis ad ecclesiam praefatam veniens, easdem exactiones subscriptas ad corpus sancti* Deodati deposui, et ibidem una cum Matheo filio meo abjuravi:

videlicet placitum palatii, ad quod nullus de hominibus Sancti Deodati ad praebendam fratrum pertinentibus venire cogendus est;

fortunam, incendium, raptum et quandam exactionem, quae vulgo tallia dicitur, quam ministeriales mei apud Coëncourtᵇ aliquando exigebant.

Si quis autem de hominibus Sancti Deodati ad praebendam fratrum pertinentibusᵒ de suspicioneᵈ concambii impetitus fuerit, secundum legem Tullensium vel Metensium respondebit.

Actum est autemᵒ apud Theodonis villam, anno dominicae incarnationis 1132, indictione 10, in sede apostolica praesidente Innocentio papa II, regnante rege augusto Romanorum fratre nostro Lothario, Alberto ejusdem ecclesiae praeposito; abstipulatione autem et abjuratione facta horum virorum illustrium testimonio: Henricus yenerabilis Tullensis episcopus; Hugo Albus et Henricus archidiaconi; Jocelinus abbas Calmosiacensisᶠ; Valterusᵍ de Gondricourt; Vanerus cognomento Canis; Petrus de Brixey; Rainerus de Brixey; Albertus de Darneyʰ; Valterusⁱ de Lanfracort; Albertus de Anievevilla et Savarinus frater ejus; Valdricus puer; Simon; Gerardus Vosagiiᵏ advocatus.

Gedruckt Martene et Durand, Thesaurus novus anecdotorum IV, S. 135 'ex schedis domini de Riguet' (daraus Hontheim, Hist. dipl. Trevir. I, S. 519), Calmet, Histoire de Lorraine edit. 2. Vol. V, S. CLXXXII. Zu vergleichen ist die Urkunde des Erzbischofs Albero von Trier, in welcher er seinerseits die Verzichtleistung des Herzogs bezeugt:

a) beati M.   b) Coeucourt M.   c) *fehlt* M.
d) susceptione M.   e) hoc M.   f) Calmosiensis M.
g) Wlterus de Gondricort M.   h) Dumei M.   i) Walterus M.
k) Aricerevilla M.   l) Lavarinus N.   m) Vosagi M.

omnia illa, de quibus ad eum querela fundebatur, in praesentia nostra guerpivit et abstipulavit, et quia jam dudum pro ea injuria erat excommunicatus, ecclesiae pristinam restituens libertatem, a nobis est ibidem absolutus.

Diese Urkunde steht Martene S. 137 (Hontheim S. 520), Calmet in der ersten Ausgabe II, S. CCXCVIII, wo ich die des Herzogs nicht finde; Edit. 2 a. a. O. S. CLXXXI.

Anhang.

Ueber Freien- und Schöffengut.

Unter dem was Homeyer in der epochemachenden Abhandlung 'Ueber die Heimath nach altdeutschem Recht, insbesondere über das Hantgemal' zusammengestellt hat ist mir immer von besonderem Interesse die Stelle erschienen, die aus dem merkwürdigen Verzeichnis der Güter und Rechte des Grafen Siboto beigebracht ist (S. 19), in der dieser 'de predio libertatis sue' spricht, ein Ausdruck den ich gewagt habe mit der 'hoba compositionis meae' einer alten Sangaller Urkunde in Verbindung zu bringen [1]. Die Stelle ist aus dem Ende des 12ten Jahrhunderts (von 1180). Oben ist eine Urkunde mitgetheilt, in welcher über hundert Jahre früher in einem ganz andern Theile Deutschlands dieselbe Bezeichnung gebraucht wird: der Graf Bruno von Hengebach verpfändet an das Stift zum heiligen Kreuz in Lüttich sue libertatis predium in Harvia mit allem Zubehör.

Es mag gestattet sein daran ein paar andere Notizen aus Urkunden anzuschliessen, die das bestätigen oder ergänzen was Homeyer zusammengestellt hat.

Nicht ganz sicher ist mir, ob hierher auch eine Stelle gehört in den Traditiones Gotwicenses Nr. 120 S. 32 (Fontes rerum Austriacarum, Diplomata T. VIII), wo die Rede ist von einem predium quod jure libertatis

---

1) Ueber die altdeutsche Hufe S. 41. Verf. Gesch. II. (2. Aufl.) S. 215.

possederat; vgl. Nr. 118: predia liberorum; Trad.
Sangall. 691 S. 292 (Wartmann, Urkundenbuch II), wo
ein Graf schenkt: proprietatem liberorum hominum. Es fragt sich, ob hier nur von freiem Grundbesitz oder von Grundbesitz auf dem die Freiheit beruht
die Rede ist. Nur das Erste glaube ich werden wir
annehmen dürfen, wenn wir mansos liberales finden
(Mon. Boica XXIX, 2, S. 53), oder de liberis agris
lesen (Ebend. X, S. 14). Vgl. Urk. Brunos von Köln,
Lacomblet Niederrheinisches Urkundenbuch I, Nr. 106,
S. 62: ex nostris propriis et liberis rebus; Urk. v.
1133, Niesert Münsterische Urkundensammlung V, S. 1:
quicquid hereditatis liberae habui; Gallia christiana
XIII, S. 465: ecclesia cum francali manso, und
was bei Ducange ed. Henschel III, S. 390 aus späteren
Denkmälern gesammelt ist. Anführen mag ich noch Urk.
von 1053, Beyer Mittelrheinisches Urkundenbuch I, S.
397, in der einer ein Gut das er schenkt bezeichnet als
praedium meum ex ingenuorum manu atque li-
berali potestate mihi traditum, obschon hier wohl
auch nur die Eigenschaft des Guts als freies Eigenthum
im Gegensatz zu Zins- oder Lehngut bezeichnet werden
soll, wie es öfter bei Schenkungen geschieht[1].

1) Das ist gemeint Urk. von 1131, bei Rossel Urkundenbuch der Ab-
tei Eberbach I, S. 14: Sciendum tamen, quod praefatum allodium cum
omnibus suis appendiciis terra est libera et omnino proprietaria (Gudeo,
Cod. diplom. Moguntinus I, S. 97, liest unrichtig: proprecaria), ita ut
praeter solam decimam nulli quidquam debeat neque solvat. Vgl. Urk. von
1046, bei Martene Nova collectio I, S. 412: liberum malis consue-
tudinibus allodium, das ein liber homo hat: Lacomblet Nr. 260 S.
182: eadem libertate qua H. hoc tenuerat eatenus postmodum ecclesia
possideret, liberum ab advocatis et ab omni exactione cujuslibet juris;
Freiheit von der Vogtei, auch Nr. 312 S. 206: sub eadem libertate, qua
ille eam et patres ejus possederant . . . ut familia curtis ipsius semper im-
munis esse debeat ab omni placito advocatorum et simbolo si ingruerit con-
tribulium vel pagensium; vgl. Nr. 287, S. 187: advocatiam . . . manumiserunt et
aecclesiae liberam resignaverunt. Lacomblet Nr. 260 S. 168 heisst es

Auch auf dieses Verhältnis hat Homeyer (S. 32 ff.)
Gewicht · gelegt und aus Salzburger Urkunden Beispiele
angeführt, wo n o b i l i s v i r i , n o b i l i u m v i r o r u m h o -
b a e genannt werden. Sie lassen sich aus andern Samm-
lungen Bairischer Urkunden erheblich vermehren, kom-
men aber mehrmals so vor, dass der Begriff des voll-
freien Grundbesitzes nicht wird festgehalten werden kön-
nen oder doch nicht bestimmt hervortritt. Mitunter scheint
es sich um die Grösse zu handeln: Trad. Garst. Nr. 98
S. 155 (Urkundenbuch des Landes ob der Enns I): m a -
j o r e m m a n s u m q u i d i c i t u r n o b i l i s v i r i ; Trad.
Tegerns., Pez Thesaurus VI, S. 20: u n u m m a n s u m
o m n i n o b i l i h o m i n i l e g i t i m u m . Unbestimmter sind
folgende Stellen: ebend. S. 23: unum mansum nobilis scilicet hominis: S. 26. 40: unum mansum nobilis hominis;
S. 52: huobam nobilis viri; Trad. Pat., Mon. B. XXIX,
2, S. 21: dimidium mansum nobilis viri; Ried Cod. dipl.
Ratisb. I, S. 160: boba nobilis viri; v. Hormayr H. Liutpold S. 30: partem quam habuerant in ecclesia — cum
uno nobilis viri manso; Trad. Fris. 1117, Meichelbek II,
S. 474: hobas nobilium 3. Mitunter steht es im Gegensatz zu einer servilis huba, Trad. Tegerns. S. 52: huobam
nobilis viri — servilem huobam. In den Tradd. Frising.

vom Erzbischof Hermann, er habe ein allodium gekauft und Alberoni cuidam
suo ministeriali in l i b e r a m p o s s e s s i o n e m tradiderat, der darüber verfügt; wo wohl zunächst Freiheit von Lehn gemeint ist; vgl. Nr. 283 S.
184, wo der Erzbischof Friedrich ein Gut, das der Burggraf zu Lehn hatte
und resignierte, ans Kloster Siegburg gieht: l i b e r a m tradidimus in cunctis
quos solvebat redilibus et universis utilitatibus quae vel inpresentiarum inerant
vel futurorum provento temporum accrescere poterant; auch IV, S. 779. —
Allgemein heisst es Nr. 247 S. 159: hereditatem suam quam l i b e r e possi-
debat; Nr. 356 S. 244: in l i b e r a m p o s s e s s i o n e m tradidit. In hac
igitur l i b e r a allodii sui p o s s e s s i o n e — ecclesiae l i b e r e tradiderunt;
und so auch Nr. 260 S. 168: l i b e r e in possessionem aecclesiae adeptus
est; Trad. Werth., Crecelins Collectae III^b, S. 21: mansum quem l i b e r e su-
scepit et l i b e r e possedit, und in einer Urk. von 1135, Quix Gesch. der
Stadt Aachen 95 S. 66, der auffallende Ausdruck: in l i b e r a m p o s s e s -
s i o n e m cederet ecclesie i n g e n u e l i b e r t a t i s .

wird meist die Hufe selbst nobilis genannt, Nr. 1117.
1130. 1133. 1169. 1179; und den Gegensatz bildet eben
die servilis, Nr. 1114. 1117. Wie 'nobilis' nur ein anderer Ausdruck ist für 'liber' oder 'ingenuus' (was auch Homeyer anerkennt), so scheint hier die hoba nobilis nicht
wesentlich verschieden von der hoba ingenuilis, die sich
regelmässig in den Händen eines Colonen befindet (D.
Verf. G. II, 2. Aufl. S. 189 N. 4. S. 224 N. 3)[1]. Wenigstens
verfügt eine und dieselbe Person über mehrere (7, Nr.
1117; 6, Nr. 1133); sie behalten ihren Charakter im Besitz der Kirche (Nr. 1117. 1130); 5 gehören zu einem
curtile (Nr. 1169). Konrad II. schenkt cuidam nostri scilicet juris servo ein praedium, id est (so ist statt 'idem'
zu lesen) unum nobilis viri mansum; Mon. B. XXXI, 1,
Nr. 166 S. 315.

Dagegen werden dann andere Ausdrücke gebraucht,
wenn wirklich der vollfreie Besitz bezeichnet werden
soll: so Trad. Fris. Nr. 1173, S. 492: hobam apud
Peroloch sitam in omni totius plenitudiniş lege
nobilitatam[2].

Hieran reiht sich eine Stelle in der Vita Bennonis
c. 17, SS. XII, S. 68: curtem H. liberam, multis privi-
legiis et venatione insignem et ab aliquo tempore in no-
bilem sedem erectam. Es scheint mir nicht zweifelhaft, dass hier von einem Freihof die Rede ist, der zum
'praedium libertatis' bestimmt worden, als solcher Sitz der
Familie sein sollte.

1) Vgl. aus späterer Zeit Beyer I, Nr. 273 S. 328: casa dominicalis cum
12 mansis ingenuilibus et 20 servilibus; Nr. 274 S. 329: unum mansum
genuilem qui teutonica lingua lazeshuova dicitur. 'Lazeshubae' werden z. B.
genannt Trad. Laur. Nr. 3661, III, S. 195, neben serviles S. 196 etc.
Vgl. Lacomblet I, Nr. 461 S. 324: bonis feodalibus et bonis censualibus
que vulgo leengût et lazgût dicuntur.

2) Unverständlich ist mir Nr. 1210 S 507: 8 hobas serviles et 4 loca
molendinarum in eisdem locis sita cum omni ususcapione, sicuti ipse in
proprietate possedit, excepta directione ipsius nobilitatis, si necesse sit.

Homeyer (S. 33) hat eine Stelle aus dem Ende des
13ten Jahrhunderts angeführt, wo die Rede ist von curtibus nobilium virorum, quae dicuntur sedelhove (der
einzigen nicht Bairischen, wo jener Ausdruck bisher nach-
gewiesen ist). Mit demselben Worte werden anderswo
(S. 35 N.) curtes principales erklärt: curtes principales que dicuntur sedelhove. Dies Wort[1] bezeichnet sonst
den Herrenhof (Fronhof) im Gegensatz zu den abhängigen Hufen (Maurer, Fronhöfe II, S. 120). Ich finde

1) Vgl. besonders Schmeller, Bair. Wörterbuch III, S. 198 ff. Graff
hat das Wort noch nicht. — Wäre Sattelhof, wie Maurer sagt, nur eine
Entstellung aus Sadelhof, Sedelhof, so müsste sie sehr alt sein; denn wenn
in den Tradd. Garst. 180 S. 176 aus dem 12. Jahrb. steht: curtem subsellii
sui, so ist das wohl Uebersetzung davon (vgl. Ducange VI, S. 414). Vielleicht ist es identisch mit curtis stabuli, stabularia, das sich besonders
in Bairischen Urkunden findet (Ducange II, S. 625; auch Mon. B. XXVIII, 2,
S. 214. XXIX, 1, S. 227; Pez Thes. VI, S. 285; Urkb. d. L. ob der Enns
I, S. 83. II, S. 120; Urk. von 1073 bei v. Hormayr H. Liutpold S. 30: de
suis et clientum et suorum curtibus stabulariis, quas vulgo stadelhof dicimus,
u. a. Vgl. auch Mon. B. XXVIII, 2, S. 103: curtilocis, ubi stabula
sunt constructa; Mon. B. IX, S. 359: territorium equinum), aber
auch Beyer Mittelrhein. Urkundenb. I, S. 443 und sonst. Meiller, Re-
gesten S. 69 N. 43, übersetzt 'Meierhof'; in den Acta Murensia ed. Kopp
S. 88 aber heisst es: et dicebatur tunc stabuli curtis, quia et ipsius poten-
tis mulieris stabulum fuit et bannus totius vici in illam introibat; das Letzte
ist der Begriff eines Fronhofs. — In ganz anderem Sinn steht das lateini-
sche sedile, wo es in Urkunden des 9ten Jahrh. vorkommt: Urk. Lud-
wig d. D. für Stavelot, Martene Coll. II, S. 26: inter ingenuiles et serviles
mansos 245, sedilia insuper in portu Hoio et Deonanto (vgl. Polain, Re-
cueil des ordonnances de la principauté de Stavelot S. 9, wo nur die letz-
ten Worte); Arnulfs, eb. S. 34: inter sedilia ac prata terraque arabili ac silvam
bonuaria 60 — inter sedilia campos pratorum bon. 130; Prümer Güterver-
zeichniss, Beyer I, S. 165: Sunt in ipsa villa sedilia 9. Andere Beispiele
bei Ducange VI, S. 158, wo es richtig als Hofstätte erklärt wird. — Wieder
anders scheint die Bedeutung in der Urk. Karl d. D., Martene Coll. II, S. 32,
auch Quix Cod. dipl. Aquensis S. 66: fisculum nostrum — cum capella et
pertinentiis, mansos sediles 32, serviles 12. — Die selihova, hoba,
curtis salica, curtis salaricia, hat in ihrem Namen nichts mit dem
Sedelhof zu thun.

aber nicht, dass nobilis hoba, hoba nobilis viri, in diesem
Sinn gebraucht wäre.

Wohl dagegen kommt principalis locus auch früher
so vor, dass es den bevorzugten Sitz eines Freien bezeichnet. Die interessante Stelle einer Reinhardsbrunner
Urkunde, in welcher Henricus de Bunrode, de parentibus
natus liberis, judiciariae dignitatis, natalium suorum
principalem locum schenkt, hat schon Homeyer angeführt. Wenigstens ähnlich ist der Ausdruck in einer
Urk. bei Ussermann Episcopatus Wirceburgensis S. 23:
Banzensi castro, principali videlicet loco ditionis
nostrae. Und ohne Zweifel dasselbe ist gemeint, wenn
es in dem Codex diplom. Hirsaugiensis S. 44 von der
Schenkung des Diemarus de Rutingen heisst: ubi ipsius
mansio praecipue (vielleicht: praecipua) erat, unam
salicam terram et septem hubas. Dagegen bezeichnet
principalis curia, Cod. Laurish. I, S. 217, wohl nur
den Fronhof. Vgl. Landau, Saalgut S. 20.

Vielleicht bezieht sich in der Reinhardsbrunner Urkunde das 'natalium suorum' auf die 'judiciaria dignitas',
die dem Heinrich von Bunrode zukommt (Homeyer S. 33
N. 41). Sonst sind nur Zeugnisse des 13ten Jahrhunderts dafür angeführt, dass ein bestimmtes Gut als Schöf-
fengut betrachtet ward. Ein viel älteres lässt sich aus
Flandern beibringen, eine Aufzeichnung über die gericht-
lichen Verhältnisse des Klosters St. Vaast unter dem Abt
Leduin, die um das Jahr 1020 gesetzt wird (Martene Collectio I, S. 381 ff., wiederholt Warnkönig Flandrische
Rechtsgeschichte III, 2, S. 82). Hier heisst es c. 6:

Non licet homini de placito generali vendere aut in
vadimonium mittere alodium placiti aut aberi ecclesiae
dare nisi per licentiam abbatis vel praepositi. Verum si
qua necessitate compulsus vendere vel in vadimonium
mittere illud voluerit, veniet et offeret abbati. Si placuerit illi ut redimat, levius habere debet quam quilibet alius.
Si noluerit vel non potuerit redimere, dabit ei licentiam

vendendi non alicui extraneo, sed proximo generis sui aut
alicui ejusdem legis, ne a l o d i u m p l a c i t i videatur ex-
heredari. Quod si nesciente abbate vel praeposito hoc fecerit et abba coguoscens hoc insequi voluerit, nec illi
remanebit qui emit, nec ad illum revertetur qui vendidit,
sed ecclesia alodium suum jure sibi vendicabit.

Also für die abhängigen Freien des Klosters, die als
Schöffen im Gericht des Abts oder Propsten fungierten
(c. 3), beruhte das Recht dazu auf Land, `das nicht frei
veräusserlich war, damit nicht jenes verloren gehe: entweder der Abt soll es kaufen (der es dann wohl wieder
vergeben konnte und musste) oder ein anderer der ge-
eignet war den Gerichtsdienst zu erfüllen.

Eben solcher Grundbesitz ist vielleicht auch gemeint,
wenn eine Lothringische Urkunde von 1069 (Calmet Hist.
de Lorraine 2. edit. II, S. 341) j u d i c i a r i u m m a n s u m
nennt. Doch kann auch an einen Ding- oder Amtshof
gedacht werden [1], der sich in den Händen des Richters
oder Schultheissen (villicus) befand; s. Maurer II, S. 121;
Landau S. 22.

1) mansus judicis, Landau S. 21.

Wortregister.

beneficium 9. 14 (7). 19 (2). 20 (3). 33 —35. — beneficiatus 20 (3).
bodtbing 25.
bona 28. 30. b. censualis, feodalia 42 N. 1. b. regni 11.
bretzedarius 21 (4).
burinne (burina) 22 (5).
camerarius 21 (5a).
campanarii 21 (4).
canonici 7. 8. 19—23.
de capite 29.,
capitale 6 (6).
capitalis sententia 16 (3). — c. censue.
capitolinm 21 (5a).
captivitas 16 (3).
casoti (homines) 34.
castellum 12. 33. — castellanus 29. 34.
castra 9. 14 (4).
cellerarii 21 (4).
censura synodalis 23 (7).
census 32 (3. 4). c. capitalis 5 (3); c. domorum 21 (5). 22 (5) — censualia bona.
cibaria caballorum 17 (8).
cives 5 (4). 29. — civile jus.
civitas 4 (1). 19 (2). 26. 29. 30. advocatus civitatis; meliores civitatis.
claustrum 22 (5b). 23 (5b). claustrales sedes 21 (5); claustralis terra 22 (5); cl. ministri 21 (4); cl. servientes 20 (2).
clerici 5 (5). 14 (1). 16 (1).
cliens 20 (2. 3). 32 (7).
coci 21 (4).
combustiones domorum 25. 26.
comes 3—8. 25. 26. — comitatus 3—7. 9. 11. 12.
comparitas 16 (6). 18.
concambium monetae 31 (2). 37.
conclave 16 (3).
condictio (pacis) 16 (2). 17 (9. 10. 12). lex condictionalis 17 (11). acclamatio c. 17 (8).
conductus 20 (3). 21 (4). 34.
conjurare pacem 15; vgl. jurare. — conjuratores 14 (5). 16 (3).
conprovinciales 15.
conquestio 14 (7).
conseptum 16 (3).
constringere 31 (2). 32 (6).
consuetudo, consuetudines 7. 28. 29. 31. 32 (5).

Göttingen.

Druck der Dieterich'schen Univ.-Buchdruckerei.

(W. Fr. Kästner).